Gerda Muller, geboren 1926 in Naarden, Niederlande, studierte an den Kunstgewerbeschulen von Amsterdam und Paris. Sie hat in verschiedenen Ländern zahlreiche Kinderbücher veröffentlicht und an Zeitschriften für Kinder mitgearbeitet. Gerda Muller lebt in Paris.

Dieses Buch ist erhältlich als:
ISBN 978-3-407-76066-1 Minimax
Erstmals als MINIMAX bei Beltz & Gelberg im August 2008

Die französische Originalausgabe erschien 1999
unter dem Titel *Devine qui fait quoi* bei Archimède

Druck und Bindung: Beltz Grafische Betriebe, Bad Langensalza
Beltz Grafische Betriebe ist ein klimaneutrales Unternehmen (ID 15985-2104-100).
Printed in Germany
11 12 13 14 15 28 27 26 25 24

Weitere Informationen zu unseren Autor:innen und Titeln
finden Sie unter: www.beltz.de

Gerda Muller
Was war hier bloß los?
Ein geheimnisvoller Spaziergang
BELTZ & Gelberg

Geh den Spuren nach!

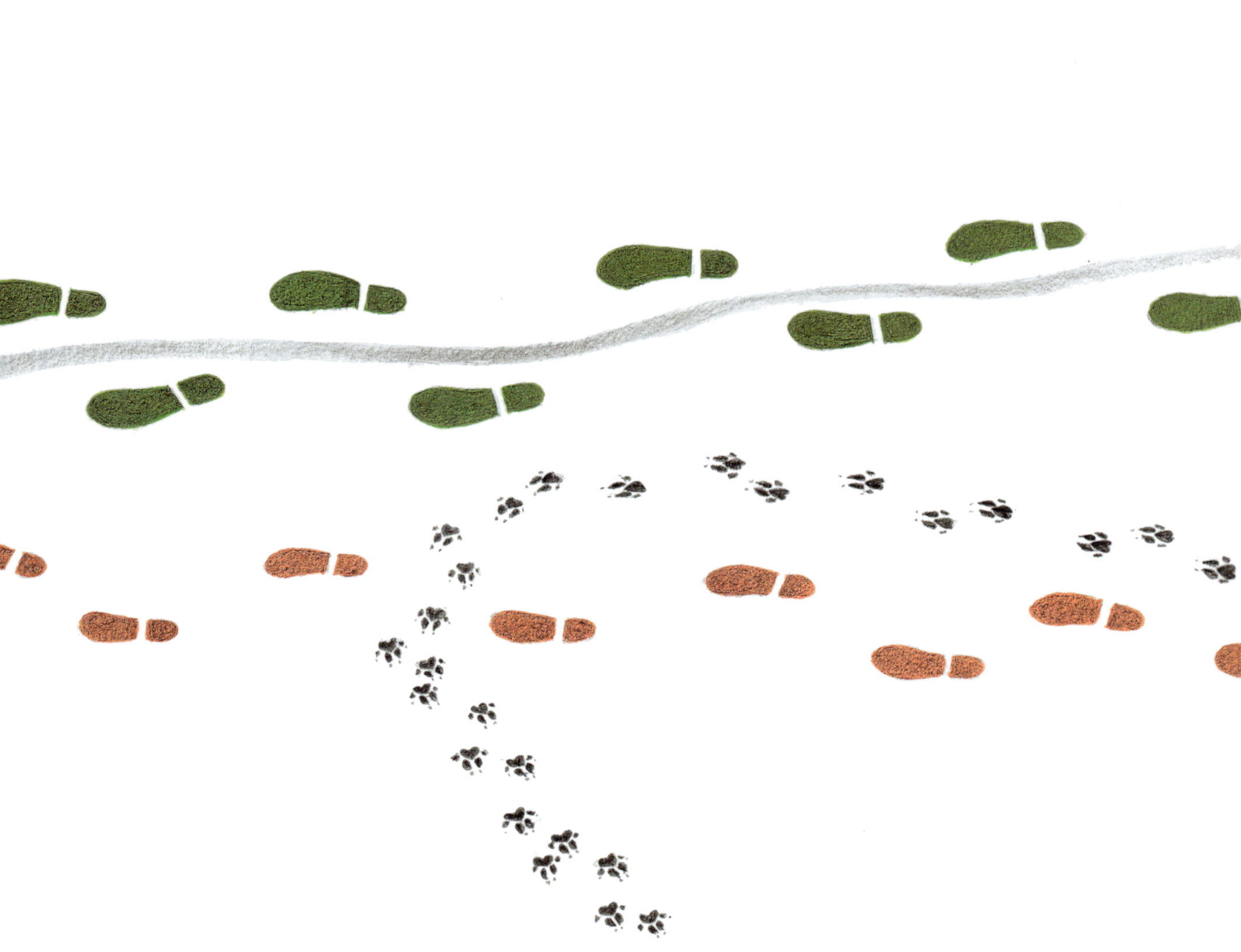